AF454312

SECTION III

LES

MOYENS DE REMPLACER LES IMPOTS D'OCTROI

RAPPORT

PAR

M. H. BERTHÉLEMY

Professeur de Science financière à la Faculté de Droit
Adjoint au Maire de Lyon

LYON

IMPRIMERIE DU SALUT PUBLIC

71, Rue Molière, 71

—

1894

LES MOYENS DE REMPLACER LES IMPOTS D'OCTROI

Comment convient-il de remplacer les impôts d'octroi ?

La question de la suppression des octrois ne se pose plus guère que sous une forme : comment convient-il de les remplacer ?

Hommes politiques, financiers, économistes, industriels, propriétaires sont en effet d'accord sur un point ; tous, à quelques rares exceptions près, condamnent ce système d'impôts. Tous pensent que les octrois sont iniques en ce qu'ils chargent plus lourdement ceux qui ont le moins le moyen de les supporter ; tous constatent qu'ils apportent au commerce une entrave constante, qu'ils sont une occasion perpétuelle d'abus, une source féconde d'inégalités arbitraires et choquantes.

Pour ces raisons et pour d'autres, toutes les nations européennes ont successivement supprimé les octrois. Seules, l'Italie et la France en souffrent encore. Il est impossible que la France républicaine s'attarde plus longtemps dans l'ornière d'où sont sorties la plupart des monarchies.

A quelles sources les communes peuvent-elles donc, dans l'état actuel de notre régime fiscal, demander les revenus qu'elles obtiennent aujourd'hui des taxes d'octroi ?

*
* *

Il y a si longtemps que la supression des octrois est réclamée par l'opinion et promise aux électeurs, que la dernière Chambre n'a pas osé se séparer sans montrer à son juge, le suffrage universel, qu'elle pensait à cet engagement et avait souci de le tenir. Prise de court, elle a proclamé un principe plutôt qu'elle n'a préparé une loi efficace. Le projet qu'elle a voté ressemble à une réforme comme un décor de théâtre ressemble à un édifice. Que ce projet soit accepté par le Sénat, et les communes ne trouveront dans le nouveau texte aucun droit qu'elles n'aient aujourd'hui même, aucun moyen de suppression dont elles ne puissent dès à présent disposer.

BERTHÉLEMY.   1

Vous avez la faculté de supprimer vos octrois, nous a dit la Chambre : Mais n'en est-il pas maintenant ainsi ? Il n'y a pas de commune qui soit astreinte à demander à l'octroi les ressources dont elle a besoin ; il n'y en a pas qui soit juridiquement obligée de garder les octrois antérieurement établis.

Le projet ajoute que les communes qui supprimeront leurs octrois pourront recourir, en remplacement, à des taxes directes.

Quelles taxes ? Droits de balayage, droits de voirie, droits d'inhumation dans les cimetières, taxes d'abatage, droits de place sur les marchés, etc... Toutes les villes importantes, les seules qui soient vraiment embarrassées par le problème du remplacement de l'octroi, ont déjà recours aux taxes de cette catégorie ; on ne peut songer à leur offrir, en échange de ce qu'on leur enlève, des revenus qu'elles ont et qu'elles emploient déjà.

Quelles autres taxes directes peuvent-elles donc chercher ? Taxes sur les objets de luxe, sur les pianos, sur les vélocipèdes, sur les domestiques ?

L'expérience montre qu'il y a là une utopie, que ce genre de taxe ne rapporte presque rien ; les droits sur les billards, pour toute la France, dépassent à peine un million ; la taxe sur les vélocipèdes est inscrite au budget de 1894 pour un million et demi ; la taxe sur les domestiques, tentée à l'époque de la révolution, a été vite supprimée comme improductive, injuste et inutilement gênante. Il ne s'agit pas de trouver cinq à six millions, il s'agit d'en trouver 250.

Il n'y a de possible que les impôts sur les revenus généraux, et on oublie trop facilement qu'en France tous les revenus sont taxés. Quand on discute sur l'établissement de l'impôt sur le revenu, ce n'est, à vrai dire, que la forme de sa perception qui est en cause.

Il n'existe, en dernière analyse, que deux manières de percevoir les impôts sur les revenus : il y a le système de la déclaration par le contribuable ; chacun dit ce qu'il a et on perçoit d'après ce qu'il dit ; il y a le système de l'appréciation par les agents du fisc ; on estime approximativement la fortune de chacun d'après les manifestations extérieures de la richesse, par exemple d'après l'importance du loyer d'habitation, et chacun est imposé proportionnellement aux revenus ainsi appréciés. C'est ainsi qu'on procède en France, et comme cet impôt général sur le revenu, (l'impôt mobilier), ne produit pas assez, on le complète par d'autres impôts qui vont chercher de nouveau les revenus non plus dans leur manifestation extérieure, mais dans leur origine : impôt sur les revenus de la terre ou des maisons, — c'est l'impôt foncier, c'est l'impôt des portes et fenêtres — impôt sur les revenus industriels et commerciaux — c'est la patente, c'est l'impôt sur les valeurs mobilières.

Tous les revenus sont ainsi atteints, quelques-uns même deux fois atteints, et si l'on veut demander à un impôt sur le revenu les ressources nécessaires aux communes après l'abolition de l'octroi, ce qu'on fera équivaudra exactement à la multiplication des centimes additionnels sur les impôts actuellement existants.

Les centimes additionnels ! Voilà ce que la Chambre nous offre pour remplacer l'octroi, et comme nous avons déjà la faculté d'en user, on doit reconnaître qu'il n'y a nulle exagération dans la critique que j'ai formulée. Les députés se sont trompés ou nous ont trompés. Leur projet de réforme est un leurre.

*
* *

Le Sénat paraît s'en être rendu compte. Il a mis la question à l'étude en la prenant sous son véritable aspect.

La Commission sénatoriale a convoqué les municipalités des principales communes où la question est véritablement aiguë. Ne se payant pas de phrases vaines, elle leur a demandé d'apporter des projets pratiques de remplacement, justifiés par des chiffres et par des statistiques.

Chargé dans notre ville de la surveillance du service de l'octroi, j'ai eu l'honneur de préparer la réponse de la commune de Lyon à la Commission sénatoriale.

Cette réponse comprenait deux parties : une partie générale, où j'ai exposé les considérations qu'on ne devait pas perdre de vue pour résoudre la question en quelque lieu que ce soit ; une partie spéciale, où j'ai montré ce que donnerait à Lyon l'application des principes dont nous désirerions l'adoption.

Envisageant ici la question sous son aspect le plus général, je devrais peut-être me borner à exposer ce qui faisait l'objet de la première partie de mon projet.

La seconde cependant est un exemple utile, le meilleur qui puisse être pris pour en démontrer le caractère éminemment pratique. Ce n'est pas dans une petite ville ou dans une commune de moyenne importance qu'il faut se placer pour saisir la difficulté du problème ; c'est dans les villes qui ont besoin de grosses ressources, à Lyon, à Marseille, à Bordeaux, à Nantes, à Lille. Lyon à cet égard peut servir de type à toutes les grosses communes.

Je ne crois pas inutile, pour ces motifs, de mettre sous les yeux du Congrès l'ensemble des observations que, d'accord avec le Maire de Lyon, nous avons présentées à la Commission sénatoriale.

II. — **Moyens de remplacer l'Octroi.**

Pour arriver à la détermination des taxes nouvelles dont l'établissement doit permettre de supprimer les octrois, il faut s'attacher à un principe qui paraît avoir échappé à la Chambre des députés, lorsqu'elle a voté le texte soumis au Sénat.

C'est que la suppression de l'octroi n'est pas une réforme d'ordre purement communal ; c'est, au plus haut point, une affaire d'intérêt national.

Les habitants des villes ne sont pas les seuls sur qui pèsent lourdement les impôts d'octroi. Ceux qui payent le plus aux barrières sont ceux qui, du dehors, viennent commercer avec la ville. Sans doute, par voie d'incidence, ils retrouvent dans les prix de vente de leurs produits une part de la taxe ; mais ce qu'ils ne retrouvent pas, c'est la compensation du temps que leur prend et du dommage que leur cause l'accomplissement des formalités de perception.

Par une autre voie encore, les voisins des villes, dans un rayon fort éloigné, supportent les droits qui paraissent, à tort, ne charger que les citoyens des villes. Si les taxes ont leur incidence sur les prix de toute marchandise, les exportations qui se font de la ville à la campagne reportent ainsi hors de la ville la parcelle d'impôt qui s'ajoute aux prix des marchandises exportées.

Les intérêts des villes et ceux des campagnes sont intimement liés, étroitement solidaires ; la campagne vit de la ville, et la suppression de la barrière fiscale qui sépare l'une de l'autre intéresse l'une autant que l'autre.

Pour ces raisons, — et ce ne sont pas les seules qu'on pourrait invoquer ici, — on ne saurait nier que l'État doive s'intéresser à une réforme qui sera sans contredit la plus importante, en matière fiscale, que la République aura réalisée.

C'est ainsi qu'ont fait la Belgique et l'Allemagne. Le moyen d'aboutir à l'abolition des octrois nous est fourni par l'exemple des nations qui ont réalisé cette réforme.

Il consiste à chercher dans le budget général celui des impôts qui est le plus propre à donner aux communes le complément des ressources dont elles auront besoin après que les octrois auront été supprimés, et à demander à une taxe générale la compensation de ce qu'on abandonnera aux communes.

Depuis la loi du 8 août 1890, l'impôt sur les terrains est séparé, dans nos budgets, de l'impôt sur les propriétés bâties.

L'impôt sur les propriétés bâties est le type le plus commode, le plus logique, le plus parfait de l'impôt communal.

Les propriétés bâties valent d'autant plus que l'agglomération dont elles font partie est plus importante et mieux administrée. Toute dépense communale pour la police, la voirie, l'éclairage, l'hygiène, etc., est une cause de plus-value pour la propriété bâtie. Il est juste que la commune demande aux maisons ce qu'elle dépense pour les maisons.

Qu'on laisse donc aux villes la faculté d'imposer les maisons, et le problème de la suppression des octrois sera presque résolu.

Or, le projet voté le 4 mai 1893 nous en donne bien le droit, mais non le pouvoir, puisque les charges déjà supportées par les maisons sont tout près du maximum de ce que l'on peut en exiger.

Le meilleur moyen de faire une réforme pratique, serait de décider que dans toute commune de plus de n habitants (dix mille par exemple), les impôts sur les maisons seront exclusivement affectés aux dépenses communales.

Le vide qu'une telle mesure fera dans le budget sera moins énorme qu'on ne pense. Les impôts demandés à la propriété bâtie se montent, pour toute la France, à 134 millions (non compris les centimes communaux et départementaux). La part des communes à octroi de plus de 10,000 habitants n'est pas des trois quarts de ce total ; de plus, il convient d'en défalquer les 21 millions que les villes tirent aujourd'hui des droits sur l'alcool (statistique de 1891). Le Gouvernement les retrouverait, en effet, dans la refonte de l'impôt des boissons. Nous comptons très largement en limitant à 80 millions le sacrifice que l'Etat s'imposerait, en abandonnant aux communes les taxes sur la propriété bâtie.

*
* *

Cherchons de suite comment l'Etat pourrait retrouver les recettes abandonnées.

Il y a deux sources fécondes de recettes, dont l'Etat français n'a pas encore su tirer un parti suffisant ; ce sont les taxes sur les spiritueux et les droits sur les successions.

Il n'y a pas à parler des taxes sur les spiritueux ; on paraît peu disposé à adopter le monopole des alcools, et on réserve, d'autre part, les exhaussements d'impôts sur cette denrée pour une autre réforme urgente, la suppression des taxes sur les boissons hygiéniques.

C'est à la refonte des droits de succession que nous voudrions voir demander les ressources nécessaires pour réaliser la suppression des Octrois.

Un projet de révision de ces taxes a été récemment déposé sur le bureau de la Chambre par M. Burdeau, alors ministre des finances. Ce projet, devenu caduc par la chute du précédent ministère, voulait introduire dans notre législation fiscale deux modifications : il voulait qu'on déduisît les charges dans le calcul des droits de succession ; c'est là une mesure indispensable.

Il proposait en outre de dégrever les ventes de biens ruraux. Nous souhaitons que cela soit possible, mais en priant nos représentants de ne pas perdre de vue le caractère autrement urgent de l'abolition des Octrois. Auprès de l'abolition des Octrois, que pèse le dégrèvement des impôts sur les ventes de biens ruraux?

Nous n'hésitons pas à nous approprier les raisons excellentes invoquées par M. Burdeau dans son rapport du 8 février pour justifier la refonte des droits de succession ; nous demandons seulement que cette refonte ait une autre destination, qu'elle soit utilisée pour l'abolition des Octrois.

Il nous plairait aussi qu'elle fût faite d'autre manière, qu'on abandonnât sur ce point des théories qui n'ont pour elles que la tradition, qu'on entrât résolument dans la voie où nous ont précédés des nations plus libres, la Suisse et l'Angleterre, qu'on adoptât, en un mot, *l'impôt progressif sur l'actif net des successions.* Le vrai moyen de répartir plus équitablement les charges publiques, c'est de proportionner l'impôt, non pas aux ressources, mais aux facultés de chacun. Celui qui hérite de dix doit payer plus de dix fois ce que paye celui qui n'hérite que d'un.

Nous voudrions, par exemple, qu'en ligne directe même, l'impôt sur l'actif net des successions, maintenu comme il est pour les successions de moins de 10,000 fr., fût doublé pour la part dépassant 10,000, triplé pour la part dépassant 50,000, quadruplé pour la part dépassant 100,000 fr., sans jamais prendre pourtant plus du vingtième du capital net. Nul ne pourrait regarder comme spoliatrice une loi qui ne ferait porter la progression que sur l'accroissement de l'héritage, et qui l'arrêterait à une juste mesure, 5 % par exemple en ligne directe, 12 % en ligne collatérale au lieu de 8 % qu'on demande aujourd'hui, 16 % entre étrangers, au lieu de 11,25. Ces chiffres, d'ailleurs, ne sont donnés que pour l'exemple.

Un impôt progressif sur l'actif net des successions donnerait beaucoup plus qu'il n'est besoin pour remplacer l'impôt sur les maisons.

Mais nous n'ignorons pas que récemment encore (12 mars 1894) la Chambre en a repoussé le principe ; nous exprimons le regret de voir nos représentants considérer comme révolutionnaire en France ce qui se pratique en Angleterre et en Suisse

Nous tenons seulement à ajouter que, sans admettre même le principe de l'impôt progressif, on peut obtenir, par de nouvelles taxes sur l'actif net des successions, les ressources nécessaires pour réaliser l'abolition des Octrois.

L'exhaussement des droits de succession, pourvu qu'on admette la déduction des charges, est une mesure pratique, simple, démocratique et d'un résultat assuré. C'est à ce procédé que nous pensons qu'on doit recourir pour affranchir les propriétés bàties de tous impôts d'État.

De quelque manière qu'on s'y prenne pour combler le vide que cette dernière mesure produirait dans le budget, supposons-la réalisée; admettons que les villes aient toute latitude pour taxer le revenu des propriétés bàties.

*
* *

Quelles en seraient les conséquences? A quelles sources les villes pourraient-elles demander des recettes équivalentes à celles que produit l'Octroi?

Comme première conséquence, il faut signaler le report nécessaire sur les autres contributions directes des centimes additionnels que les départements obtiennent des propriétés bàties.

En 1893, à Lyon, que nous pouvons prendre pour exemple, l'impôt foncier sur les terrains, la cote personnelle mobilière et l'impôt des patentes ont rapporté en tout (principal et centimes) 9,085,201 fr., soit en chiffre rond 9 millions. Il y aurait lieu d'ajouter à ces 9 millions, sous forme de nouveaux centimes additionnels, la somme que le département du Rhône demandait et ne pourrait plus demander aux propriétés bàties, soit 1,300,984 fr.

L'impôt sur les terrains, l'impôt personnel mobilier, l'impôt des patentes, supporteraient par là, au profit du département, un exhaussement de 1, 3 pour 9, soit approximativement 1/7 du taux actuel.

La seconde conséquence, ce sera la possibilité pour les villes de demander désormais les recettes fournies par l'Octroi aux taxes ci-après:

A. Taxes de remplacement de certains impôts d'Octroi, dont le mode de perception est seul défectueux (fourrages, combustibles, matériaux).

B. Licence spéciale pour les établissements qui donnent à consommer sur place (restaurants, hôtels, cafés, cabarets, cercles, bars, etc.).

C. Taxe de x 0/0 sur le revenu des propriétés bàties. (A Lyon, il faudrait 11 0/0. Les impôts actuels font 10 0/0; il y aurait donc 1 0/0 d'augmentation.)

APPLICATION A LA VILLE DE LYON :

L'Octroi de Lyon produit actuellement (budget de 1893). . . . . Fr. 10.380.000 »

Il faut déduire de cette somme :

1° Les frais de perception . Fr. 915.000 »

2° Les sommes versées à titre de subvention à la caisse des retraites des employés de l'Octroi. . . . . 65.000 »

3° Les frais de casernement (loi du 15 mai 1818). . . . . 65.000 » } 1.045.000 »

Reste . . . . . . Fr. 9.335.000 »

D'autre part, il faut ajouter :

1° Les frais de perception des nouvelles taxes, soit au maximum. . . . . . Fr. 250.000 »

2° Le revenu de l'indemnité qu'il faudrait payer aux agents de l'Octroi qui ne seraient pas employés à la perception des nouvelles taxes. . . 250.000 » } 500.000 »

Une autre somme encore devrait s'ajouter au total ci-dessus ; la suppression des impôts d'Etat sur les propriétés bâties entraînerait la suppression des centimes communaux sur ces mêmes taxes. Or, ils figurent dans notre budget pour. . . . . 91.500 » qu'il faudrait demander en plus.

Nous avons ainsi à demander aux impôts de remplacement. . . . . Fr. 9.926.500 »

D'après la répartition des recettes de l'Octroi dans les divers chapitres du tarif, sur les 10 millions qu'il produisait (chiffre bas), on demandait (en chiffres ronds) :

a) Aux boissons et comestibles. . Fr. 8.000.000 »

b) Aux fourrages . . . . 500.000 »

c) Aux combustibles. . . . . 500.000 »

d) Aux matériaux. . . . . 1.000.000 »

Les recettes sur les fourrages peuvent être remplacées par une taxe sur les chevaux ; et cette dernière pourrait être plus équitablement perçue que les taxes actuelles. L'impôt sur les fourrages faisait payer plus cher au cheval de travail qu'au cheval de luxe, l'un consommant nécessairement plus que l'autre. Une taxe sur les chevaux permettrait d'établir la progression dans le sens inverse, en demandant plus au cheval de luxe qu'au cheval de travail.

Les recettes sur les combustibles pourraient être converties en une taxe sur les cheminées. Là aussi, on se trouverait mieux d'accord avec l'équité ; le riche, qui a dix cheminées et ne brûle du charbon que dans trois, payerait pour dix au lieu de ne payer que pour trois. On taxerait le fourneau du pauvre moins cher que le calorifère ou la cheminée de luxe.

Même transformation pour l'impôt sur les matériaux. En demandant la permission de voirie nécessaire à toute construction, on aurait à payer un droit fixe à tant par mètre cube de l'édifice à construire.

Les taxes sur les fourrages, les combustibles, les matériaux, sont celles que nous désignons sous ce vocable : « Remplacement des taxes qui ne sont défectueuses que par leur mode de perception ».

Nous proposons, en second lieu, de prélever une taxe sur les établissements qui donnent à consommer sur place (restaurants, hôtels, cafés, cabarets, etc.).

Deux raisons commandent cette manière de procéder :

La première, c'est que la prochaine disparition des droits perçus par l'Etat sur les boissons hygiéniques constituera pour ces établissements un bénéfice considérable.

La seconde, c'est que l'incidence des impôts de consommation ainsi perçus se fait sur la masse énorme des consommateurs par parcelles si faibles, qu'on ne peut pas sérieusement attendre la baisse des prix comme suite nécessaire de la suppression des droits.

Le marchand de vin vendra-t-il pour un sou, demain, le verre de vin ou d'eau-de-vie qu'il vend deux sous aujourd'hui ?

Il serait dupe, s'il le faisait, car les droits ne font pas 50 0/0 de son prix ; il ne peut pourtant pas compter par centimes.

Ses prix resteront les mêmes, et, si nous l'exonérons des taxes, le consommateur n'en profitera pas.

Le même raisonnement s'applique à l'hôtelier, dont les tarifs ne changeront pas, au restaurateur, dont les repas, pour le même écot, ne vaudront pas mieux.

Il est de toute justice de réclamer sous une autre forme, à cette catégorie de commerçants, ce qu'ils payaient à l'Octroi et réclamaient ensuite à leurs clients.

Or, sur les 8 millions que donnaient les boissons et les comestibles, ils en payent plus de 3. Il y a, à Lyon, 5,000 établissements donnant à consommer sur place. Il faut, en moyenne, obtenir 600 fr. de chacun d'eux. En réalité, ce droit équivaut à un abonnement obligatoire, dont le taux sera apprécié, comme la patente, par les signes extérieurs des bénéfices réalisés, et dont la moyenne sera de 50 fr. par mois.

Il reste 6 millions à demander à la taxe des propriétés bâties. Or, la valeur locative au 1er janvier 1893 (chiffres fournis par l'Admistration des contributions directes) était de 74 millions. Le revenu imposable, sur lequel se calculait la taxe des propriétés bâties, était de 53,229,900 fr.

Une taxe de 11 0/0 donnerait 6,075,289 fr.

Elle n'est supérieure que de 1/10 à ce qui est demandé aujourd'hui.

Quelques-uns des nombres indiqués peuvent donner lieu à de légers mécomptes. Toutefois, il en ressort rigoureusement la possibilité de remplacer sans peine les impôts d'Octroi, puisqu'en retour d'un dégrèvement considérable, aucune des charges actuelles n'est trop sensiblement aggravée.

*
* *

Telles sont les grandes lignes du rapport fait au Sénat, au nom de la municipalité lyonnaise.

En terminant, je veux prévoir, pour y répondre, quelques-unes des critiques que le projet soulève.

Première critique. — Le système de remplacement est compliqué ; il touche au budget de l'Etat.

Je réponds qu'il ne demande à l'Etat aucun sacrifice. Ce qu'il lui prend est largement compensé parce qu'il lui rend. Quel risque fait-il courir aux finances publiques ? Son application est-elle dangereuse ? Son résultat incertain ? Ce qu'on déclare aujourd'hui dans les successions est ce qui ne peut pas n'être pas déclaré. On peut calculer avec précision ce que produira un changement de tarif ; et ce n'est que d'un changement de tarif qu'il s'agit !

Deuxième critique. — Les surtaxes sur les successions ne doivent pas être employées à la légère ; elles sont la vraie ressource de l'avenir. On y songe pour l'établissement de la caisse de retraite des vieillards : on y songe pour les nécessités urgentes et imprévues qui peuvent naître. Il ne faut pas y toucher au profit des communes.

Je réponds que cela revient à dire que la suppression des octrois est une réforme d'importance secondaire. Je ne signalerais même pas cette objection si elle ne m'avait été faite publiquement par un des membres de la Commission des octrois à la Chambre des députés. Je répète ce que j'ai dit au cours du rapport ; on songeait à l'exhaussement des tarifs pour la détaxe des ventes de biens ruraux. La suppression des octrois vaut bien cette réforme-là.

Troisième critique. — Dans la plupart des communes, la suppression des octrois s'apercevra peu. Les prix des denrées ne baisseront pas. On subira un lourd impôt nouveau sans être soulagé d'un lourd impôt ancien.

Je réponds qu'il ne faut pas attendre, sans doute, une baisse immédiatement équivalente à l'avantage qu'éprouveront ceux qui font aujourd'hui l'avance des droits et en sont remboursés dans les prix des denrées qu'ils vendent.

Mais il faut nier les effets nécessaires de la concurrence pour douter ici que la suppression des impôts entraine la baisse prochaine des produits.

Combien de produits n'entrent pas à la ville parce qu'on craint de ne pas les vendre et d'avoir à les retourner sans rattrapper la taxe ? Combien de denrées fera-t-on venir de la banlieue suburbaine où elles coûtent sensiblement moins cher, si on peut les introduire sans ennui et sans débours, et si le marchand de ville ne sait pas les arrêter en sacrifiant la partie du prix qui représentait l'ancienne taxe ?

Et puis, l'impôt de remplacement sera-t-il lourd ? Va-t-il se répercuter sur les pauvres, comme se répercutent les impôts sur le revenu ? Pèsera-t-il sur eux comme les impôts de consommation ? Nullement ! L'impôt des successions est le seul peut-être qui n'ait pas d'incidence. On ne voit pas pourquoi l'héritier de 100,000 écus taxé aujourd'hui à 3,750 fr. peut bien se faire rembourser de la faible dépense qu'occasionne pour lui un gros enrichissement.

L'impôt de succession, calculé sur l'actif net, est le seul qui vraiment n'atteigne que le riche ; c'est l'impôt le plus facilement accepté ; c'est celui qui répond le mieux à la formule qui, peut-être, est seule vraie en matière fiscale : obtenir le maximum de rendement en provoquant le minimum de mécontentement.

Quatrième critique. — La réforme apportera un véritable bouleversement dans les habitudes fiscales : elle atteint jusqu'aux finances du département qui devront reporter leurs centimes additionnels sur les autres impôts directs.

Je réponds qu'il y aura gêne, évidemment, mais non trouble. On pourrait appeler trouble ce qui modifierait sensiblement les habitudes des contribuables. Ici, ce sont les habitudes des percepteurs qui seront changées ; ce ne sont pas les contribuables, ce sont les commis qui seront gênés. Le contribuable continuera à payer une taxe peu sensiblement majorée à la même époque, de la même manière et au même agent qu'autrefois. Seulement, les fonds perçus n'iront pas dans la même caisse ; cela lui est absolument indifférent.

Cinquième critique. — Les taxes d'octroi sont infiniment élastiques. Il n'en sera pas de même des nouveaux impôts communaux.

Je réponds que les communes y perdront peu. L'élasticité des taxes d'octroi a été la cause de grands mécomptes ; j'ose dire de grandes folies. On a dépensé en tel lieu que je pourrais citer un peu à tort et à travers parce qu'on avait, grâce à la hausse constante des produits de l'octroi, un encouragement à faire grand.

Les dépenses vraiment utiles justifieront des taxes élevées et nullement immobiles d'ailleurs. On fera d'après ce qu'on pourra percevoir, limitation qui n'est certainement de nature à effrayer personne.

Je termine enfin par une réponse générale qui ne comporte guère de réplique.

J'ai songé à un moyen ; j'accepterai volontiers les moyens meilleurs que d'autres proposeront. Ce qui me paraît inacceptable, c'est qu'on repousse tout système et qu'on ne propose rien de meilleur, rien d'autre ; c'est qu'on dise ainsi, en définitive, que le Gouvernement démocratique de notre pays demeure impuissant à nous délivrer d'un fléau qui a cessé de sévir chez tous nos voisins.

Il est grand temps qu'on cesse de promettre avec l'arrière-pensée qu'on pourra toujours se dispenser de tenir. L'honneur du parlementarisme y est engagé.

H. BERTHÉLEMY,
Professeur de Science financière
à la Faculté de Droit,
Adjoint au Maire de Lyon.

RENSEIGNEMENTS STATISTIQUES

Concernant la Ville de Lyon

A

POPULATION AU DERNIER RECENSEMENT : 438.077 HABITANTS

—

TOTAL DES IMPOTS D'OCTROI PERÇUS EN 1893 :
11.031.134 FR. 50
SOIT PAR HABITANT : 25 FR. 18

B. — **Impôts sur les revenus perçus par l'Administration des contributions directes en 1893.**

	MAISONS		TERRAINS	REVENUS GÉNÉRAUX	REVENUS	TOTAUX
	Impôt foncier des propriétés bâties	Impôt des portes et fenêtres	Impôt foncier sur les propriétés non bâties	(cote personnelle mobilière perçue d'après les loyers)	COMMERCIAUX (Patentes)	
Principal	1.784.276 »	840.971 »	36.700 »	1.288.611 »	2.703.654 »	6.654.212 »
Centimes additionnels généraux.	275.773 »	247.491 »	5.247 »	429.364 »	1.178.116 »	2.135.991 »
— départementaux. .	1.040.283 »	260.701 »	20.552 »	721.622 »	838.133 »	2.881.291 »
— .communaux . . .	823.472 »	329.443 »	16.266 »	570.892 »	1.276.044 »	3.016.117 »
Totaux	3.923.804 »	1.678.606 »	78.765 »	3.010.489 »	5.995.947 »	14.687.611 »
	5.602.410 »					

Le Centime additionnel donne 66,542 fr. 12 c.

C. — **Valeur vénale des immeubles de la commune de Lyon (estimation fournie par l'Administration des contributions directes).**

Maisons ordinaires	1.047.560.310	»
Châteaux et maisons exceptionnelles	56.475.600	»
Usines	52.689.320	»
Total . . . . . . Fr.	1.156.725.230	»
Nombre des propriétés : maisons.	20.269	»
— — usines	599	»
Total.	20.868	»

Valeurs locatives au 1ᵉʳ janvier 1893 :

Maisons . . . . Fr.	71.220.112	»
Usines.	2.882.445	»
Total. . . . . Fr.	74.102.557	»

Ces valeurs se répartissent de la manière suivante :

Locaux affectés au commerce ou à l'industrie. Fr.	31.291.795	»
Locaux affectés à l'habitation	34.604.618	»
Logements d'indigents ou de personnes non imposables	8.206.144	»
Total . . . . . . Fr.	74.102.557	»

Le revenu *net*, imposable au 1ᵉʳ janvier 1893, était apprécié comme suit :

Pour les maisons, de . . . . .Fr.	53.292.988	»
Pour les usines, de.	1.936.912	»
Total. . . . . Fr.	55.229.900	»

D. — **Division des produits de l'Octroi (1893)**

(Ces chiffres comprennent les recettes ordinaires et extraordinaires).

Boissons et liquides . . . . Fr.	5.613.423	07
Comestibles.	3.081.268	06
Combustibles	526.113	85
Fourrages	482.278	23
Matériaux	1.163.262	48
Objets divers	75.811	19
Minuties	88.977	62
Total général . . . . . . Fr.	11.031.134	50

E. — Consommation des boissons par l'intermédiaire des détaillants (chiffres approximatifs).

CONSOMMATION TOTALE :

	Boissons hygiéniques.		*Payé par les détaillants.*
Vin . . . . . Fr.	4.223.589 29		
Cidre.	1.050 95		
Bière.	516.708 04		
	4.741.348 28	50 %.. Fr.	2.350.000 »
Alcools.	872.074 79	75 %.....	650 000 »
Total. . . Fr.	5.613.423 07		
Impôt payé à l'Octroi par les détaillants. . . Fr.			3.000.000 »

(Il est malheureusement impossible d'apprécier de même les impôts sur les comestibles, payés par les restaurateurs.)

Il y a en tout 5.000 détaillants ; pour obtenir 3.000.000 de fr., il faudrait exiger de chacun d'eux, en moyenne, 600 fr., soit 50 fr. par mois. La base de répartition pourrait être celle qui est prise pour la patente

F.— État des Établissements donnant à consommer sur place.

NATURE DES ÉTABLISSEMENTS	NOMBRE	SOMME DES LOYERS	SOMME DES PATENTES (droit fixe et droit proportionnel.)
Exploitants de café chantant.	2	58.010	3.500 50
Glaciers limonadiers	7	158.780	8.639 »
Maîtres d'hôtel.	23	137.150 / 378.270	18.614 25
Tenant maison de séjour pendant les pèlerinages. . . .	1	3.600	280 »
Restaurateurs et traiteurs à la carte	7	46.740	3.037 »
Cafetiers.	198	974.889	47.346 30
Maître d'estaminet	1	3.050	176 65
Maîtres d'hôtels garnis. . . .	15	15.190 / 77.480	3.568 35
Restaurateurs à la carte et à prix fixe.	21	123.210	5.682 »
Aubergistes.	99	274.000	14.083 35
Entrepreneurs de bals publics.	3	10.800	
Cabaretiers avec billards. . .	329	355.205	510 »
Épiciers.	409	532.799	28.290 15
Restaurateurs (prix fixe seulement)	67	139.071	38.210 » / 7.985 70
Marchands de vin en détail tenant billard	1	1.000	383 35
Marchands de bière ou cidre en détail.	21	31.050	2,041 65
Cabaretiers	403	389.273	29.095 75
Tenant pension bourgeoise . .	14	23.465	1.342 15
Tenant pension de vieillards.	1	4.000	173 35
Marchands de vin en détail sans billard	133	173.820	11.114 »
Épiciers regrattiers.	1.143	662.619	36.112 40
Fruitiers	425	208.578	12.671 55
Débitants de liqueurs et eaux-de-vie.	350	198.518	10.970 35
Logeurs.	418	316.990	14.699 80
Débitants de vin au petit détail	699	362.170	21.223 40
Débitants de café tout préparé	34	8.215	572 30
TOTAUX.	.824	5.667.942	320.323 30

15.610.— Imp. Salut Public, 71, rue Molière.